# Anotações de
# A a Z

CB125642

CLAUDIO AUGUSTO

# Anotações de A a Z

*um caminho para a evolução espiritual*

Labrador

© Claudio Augusto, 2025
Todos os direitos desta edição reservados à Editora Labrador.

Coordenação editorial Pamela J. Oliveira
Assistência editorial Leticia Oliveira, Vanessa Nagayoshi
Direção de arte e capa Amanda Chagas
Projeto gráfico Vinicius Torquato
Diagramação Nalu Rosa
Preparação de texto Iracy Borges
Revisão Sérgio Nascimento

Dados Internacionais de Catalogação na Publicação (CIP)
Jéssica de Oliveira Molinari - CRB-8/9852

Augusto, Claudio

Anotações de A a Z : um caminho para a evolução espiritual / Claudio Augusto.
São Paulo : Labrador, 2025.
64 p.

ISBN 978-65-5625-901-7

1. Literatura espírita 2. Espiritismo 3. Cristianismo I. Título

25-2724 CDD 133.9

Índice para catálogo sistemático:
1. Literatura espírita

**Labrador**

Diretor-geral Daniel Pinsky
Rua Dr. José Elias, 520, sala 1
Alto da Lapa | 05083-030 | São Paulo | SP
contato@editoralabrador.com.br | (11) 3641-7446
editoralabrador.com.br

A reprodução de qualquer parte desta obra é ilegal e configura uma apropriação indevida dos direitos intelectuais e patrimoniais do autor. A editora não é responsável pelo conteúdo deste livro. O autor conhece os fatos narrados, pelos quais é responsável, assim como se responsabiliza pelos juízos emitidos.

Ao iletrado e ao culto

Dedico este volume singelo a duas personalidades formidáveis: Antônio Augusto, meu pai, que passou pela vida como o homem iletrado a quem devo, por sua valentia, a bênção de dominar o alfabeto; André de Sena, meu filho, homem culto no qual me inspiro a fim de tentar, como ele consegue, escrever de modo a tocar as fibras do Espírito.

*Claudio Augusto*
São Paulo, 14 de março de 2025

# SUMÁRIO

# PREFÁCIO

## Alfabetização espiritual

Leitor amigo, o livro que chega neste momento às suas mãos pode ser definido como uma espécie de pequeno dicionário para a alfabetização espiritual. Visitando temas tão diversos quanto amizade, coragem, esperança, fé, humildade, misericórdia e zelo, dentre outros, o jornalista Claudio Augusto nos traz *Anotações de A a Z*, cujas lições calam fundo em nossos corações.

Em sua segunda incursão literária, o autor segue se distinguindo por um estilo de extrema clareza e arrebatadora sensibilidade, exatamente como em sua estreia.

Com a cativante beleza da ficção de *Contos astrais – histórias da Terra e do céu*, ele abriu caminho para a compreensão de importantes conceitos da Doutrina Espírita. Agora, com as valiosas reflexões da presente obra, recorrendo aos ensinamentos do Espiritismo e do Evangelho do Cristo, o escritor joga luz sobre os sentimentos que todos cultivamos nos recônditos da alma imortal!

*Luciana de Sena*
São Paulo, 15 de março de 2025

# CAPÍTULO 1
## Anotações sobre a amizade

Nas lutas acerbas que marcam a passagem pela esfera material, representa a estima sincera um oásis que refrigera a alma cansada da travessia do deserto. Filha dileta dos corações amoráveis, ela festeja nas vitórias e nos ampara nas derrotas.

Nos momentos difíceis, a palavra solidária de incentivo. Compreensão estampada somente num olhar. Atenção prestimosa para ouvir sobre as angústias que nos dilaceram. Mãos estendidas em nossa direção permanentemente. Uma lágrima pela dor que nos aflige, como se a dor que nos aflige fosse sua. Mas também o sorriso para conosco celebrar os instantes de alegria.

A irmandade sem laços de sangue, para aquele que carrega pesado fardo em seus ombros, configura um valiosíssimo tesouro. Tesouro que deve ser lustrado todos os dias de nossa existência por meio da reciprocidade a quem nos abençoa com o seu afeto.

Dois companheiros que se encontram, ao trocar um abraço fraterno e perguntar simplesmente um para o outro como ele está, movimentam vibrações poderosas nos planos da vida em favor da comunhão.

Mesmo que caminhe por quarenta anos nas areias escaldantes, jamais sentirá sede quem conhece a fonte de águas cristalinas da amizade!

# CAPÍTULO 2
## Anotações sobre a brandura

Equivocadamente confundida com falta de energia e ausência de severidade, a brandura demonstra justamente o sentimento de fraternidade conquistado por almas enérgicas e severas, que veem no outro um filho de Deus tão merecedor de tratamento baseado na afabilidade quanto elas próprias.

Haverá um tempo no qual a lhaneza constituirá a regra, não mais a exceção. Nesses dias, que estão próximos, a saudação será a exteriorização do desejo sincero, não só a mera observação de manuais de etiqueta. A expressão "boa tarde", por exemplo, virá carregada de pensamentos benfazejos em favor do interlocutor, quando hoje representa, em muitos casos, simples articulação de vocábulos vazios. É que os brandos, conforme anunciado pelo Divino Mestre Jesus no Sermão da Montanha, já terão herdado a Terra, deixando para trás as marcas da incompreensão que ora presidem as relações humanas.

Todos, indistintamente, necessitam do carinho dos semelhantes, assim como as plantas para estar bem necessitam do calor dos raios de sol. A ternura, que nasce na alma dos fortes, representa no convívio entre os homens a doce luz da manhã que aquece os corações.

Para ser brando, é preciso lutar. Lutar contra a indiferença que trazemos no peito. Lutar contra o egoísmo que corrói o Espírito. Lutar contra o corre-corre diário em busca da sobrevivência que inibe a candura. Para ser brando, é preciso lembrar das lições do Cristo, que tratava todos, justos ou ímpios, com uma doçura arrebatadora.

Inspirados em Jesus, trabalhemos para que o nosso planeta se converta num jardim de gentilezas. A palavra suave. O sorriso. O gesto de auxílio. A brandura. A brandura.

Para que vivamos verdadeiramente como irmãos, é necessário presentear com blandícias a todos, estejam eles em nossos lares, em nossos locais de trabalho, nas escolas, no transporte coletivo ou na via pública, sejam eles nossos parentes, amigos queridos ou desconhecidos; assim como o Divino Mestre, nosso guia e modelo, fez com quem encontrou nos caminhos que percorreu a fim de deixar seus luminosos ensinamentos para a vida eterna.

# CAPÍTULO 3
## Anotações sobre a coragem

Pode-se definir a coragem como a incontrastável disposição acompanhada da firme atitude para se fazer aquilo que deve ser feito. Na sua dimensão moral, portanto, essa qualidade guarda relação com o propósito da ação engendrada e não com o ato em si.

Ao atirar-se na água para socorrer quem se afoga, o homem demonstra coragem. Ao atirar-se na água para afogar a si mesmo, o homem revela seu medo da vida.

Infantes espirituais que ainda somos, seguimos associando essa virtude aos que empunham suas armas. Entretanto, ensinou-nos o Divino Mestre que violência e coragem são coisas distintas. "Pedro, embainha tua espada", disse ele ao apóstolo, que, para defendê-lo, investiu contra os soldados no Jardim das Oliveiras.

O inimigo que o discípulo precisava combater estava dentro dele mesmo, sabia Jesus. E isso vale para todos nós. Ao receber uma ofensa, só seremos capazes de perdoar enfrentando o adversário terrível que representamos a nós próprios, quando temos o orgulho ferido. Com destemor, é imperioso desembainhar a espada simbólica da boa vontade para vencer os vícios morais que nos consomem e retardam a nossa integral adesão ao Evangelho redentor.

E a redenção começa no simples gesto de viver a vida, porque viver a vida exige coragem. A mulher que recebe no ventre o filho querido dá testemunho de sua valentia. É corajoso o homem que no rosto traz o suor do trabalho com o qual ganha o pão de cada dia para sustentar a família. Age com desassombro a mulher que educa a criança a ela confiada por Deus. O homem que ampara seus pais na velhice dá sinais de seu brio.

Caminhemos, então, companheiros, sob os influxos da Providência Divina, fazendo na Terra o que deve ser feito.

Porque não nos faltará o arrimo do Criador, que nos exorta a viver a vida, como se nos dissesse por intermédio do sublime canto dos pássaros que visitam nossa janela a cada nova manhã: "Coragem, meu filho, coragem!".

# CAPÍTULO 4
## Anotações sobre o dever

É de domínio geral o conjunto de regras que regem as relações sociais. Advertido pelo semáforo vermelho, o motorista deve parar. A luz verde indica que a máquina pode retomar o movimento pela via. Desse modo, se o condutor do veículo avançar no momento indevido, será censurado por todos. Porque todos conhecem o rol de obrigações de quem está habilitado a dirigir.

Para além das situações comezinhas, também existem na Terra normas balizando o nosso campo de ação relativo aos semelhantes. Mas, diferentemente do que ocorre com um código de trânsito ou qualquer outro voltado às imposições comuns, nas coisas da alma compete somente a ela mesma aprovar ou censurar sua conduta. Porque é cada uma das criaturas de Deus que conhece o seu próprio dever.

Nas circunstâncias que a vida apresenta, cada um sabe o roteiro a seguir, consultando, em sua consciência, as escrituras deixadas pelo nosso Pai

Celestial, que está nos céus. E então, ao ouvirmos o chamamento endereçado por nós a nós mesmos, se levanta em nosso âmago um irresistível sentimento que nos impele a agir em favor de um companheiro de jornada. Mesmo que isso resulte em grande sacrifício. Mesmo que, no mundo das formas, ninguém venha a saber do bem que fizemos. Mesmo que nosso irmão traga em seus lábios, como resposta ao gesto de auxílio, cortantes palavras de ingratidão. É que quem cumpre o dever — expresso nos lances decisivos de nossa existência, nos quais a Providência Divina coloca-nos como os únicos em condições de amparar determinada pessoa — releva seus próprios interesses, prescinde de reconhecimento alheio e repete o ato de ajudar quantas vezes forem necessárias, ainda que receba como paga somente a incompreensão.

Ah, doce é a ventura daquele que vai ao encontro de quem sucumbe ao peso da cruz em seus ombros a fim de erguê-lo. Amargos são os dias daquele que, chamado pela vida a encarnar o papel de um moderno Cirineu — na via-crúcis percorrida por um filho, uma filha, um marido, uma esposa, um pai, uma mãe, um parente próximo, um familiar distante, um amigo dileto, um vizinho ou até mesmo um desconhecido que clama por alívio para sua dor —, ignora o que lhe pede a consciência e passa sem ajudar. Senhor, tende piedade de nós, os que esquecemos de nossos deveres!

# CAPÍTULO 5

## Anotações sobre a esperança

Da certeza de que todo e qualquer infortúnio, por mais terrível que pareça, representa breve tempestade na infindável sucessão de dias gloriosos com os quais o Autor da Vida presentear-nos-á, emerge a consolação. Todo mal é transitório, ensinam os bondosos benfeitores espirituais que velam por nós. Tempos melhores virão!

Para aguardar esses tempos melhores, ensinam ainda os Espíritos misericordiosos, faz-se necessário manter acesa uma chama em nossos corações. Da chama, brota o calor que se esparge sobre nossas almas sofredoras, amenizando o frio provocado pelas intempéries do presente. Da chama, emerge a réstia de luz capaz de visitar o futuro com o fim de trazer-nos mensagens pelas quais vislumbramos as manhãs ensolaradas a nós reservadas.

O arco-íris — sabem aqueles que estão à nossa frente nos caminhos da existência sem fim — surge sempre depois da chuva nascida das nuvens cinzentas. Ao contemplar, pois, o vermelho, o laranja, o amarelo, o verde, o azul, o anil e o violeta riscando o céu, lícito nos é tomar tal quadro como um aviso de Deus sobre a época nova, que certamente chegará.

"Bem-aventurados os aflitos, porque eles serão consolados", anunciou o Divino Mestre Jesus (Mateus, 5:4), instando-nos a suportar com resignação os desígnios de nosso Pai Celestial, isso é certo, mas também a fortalecer uma virtude entendida por Paulo de Tarso como irmã genuína da fé. Essa qualidade moral configura poderoso remédio para aplacar as dores advindas das vicissitudes de todas as horas.

Meus companheiros de jornada nos escuros caminhos da Terra, nas culminâncias das esferas de onde, ao lado de Espíritos benevolentes, o Cristo cuida de suas ovelhas, essa qualidade moral, essa virtude, esse remédio, essa irmã da fé, esse arco-íris, essa réstia de luz, esse calor, essa chama, essa consolação e essa certeza de que dias melhores virão são tidos como expressões de um só sentimento: a esperança.

# CAPÍTULO 6
## Anotações sobre a fé

Assim como o guerreiro necessita da espada em situações de batalha, precisa o homem comum recorrer a um escudo em meio aos embates da vida neste mundo de provas e expiações. A esse escudo, chamamos fé, porque a fé protege a alma, fortalecendo-a nos momentos mais difíceis que possa vir a enfrentar.

Essa virtude, irmã da esperança, confere ao Espírito o dom de experimentar uma inabalável sensação de tranquilidade diante dos desígnios de Deus, que, do alto de sua infinita misericórdia, jamais desampara seus filhos. "O Senhor é o meu pastor, nada me faltará", proclamou o rei Davi no Salmo 23, deixando para a posteridade a lição de que ter fé significa muito mais do que acreditar. Ter fé equivale a confiar no Criador, que guia suas ovelhas pelas veredas dos vales das sombras com o seu cajado de soberana bondade e de soberana justiça.

Portanto, sigamos nós em nossa jornada com destemida confiança, porque não estamos sós. Se a moléstia nos visita, utilizemos a fé como escudo. Alcançados pelas privações materiais, ergamos nossa defesa. Atingidos pelo abandono daqueles que nos são caros, tenhamos nela a consolação. Colhidos por amargas decepções, busquemos nesse sublime sentimento o bálsamo para nossas feridas. Castigados por testemunhar o sofrimento daqueles a quem dedicamos o nosso amor, tenhamos nessa virtude a fortaleza que nos mantém de pé para lutar por eles.

Que floresça em nossos corações a semente a que, na Parábola do Grão de Mostarda, aludiu o Divino Mestre. No princípio, ainda incipiente, a plantinha proporcionar-nos-á acreditar. Depois, já com raízes profundas, trará não só os caules verdes da crença, mas também os troncos maduros da certeza. Pois aqueles que cultivam a fé verdadeira — indicam-nos os amigos do plano astral —, mais do que crer, sabem. Sabem da imortalidade da alma. Sabem que a Providência Divina é operosa. Sabem que tudo ficará bem.

Assim, por confiar plenamente no Pai Celestial compassivo, juntam-se a Ele, arregaçando as mangas para estender a mão ao encontrar alguém dilacerado pelas dores pungentes do corpo ou da alma. E, depois de ver o irmão reerguido, repetem a frase do Cristo: "Tua fé te curou".

# CAPÍTULO 7

## Anotações sobre a gratidão

Se caminhamos na Terra, sempre é tempo de agradecer.

Nos dias de sol ou naqueles em que prevalecem as nuvens, cabe-nos mirar o céu e expressar a nossa gratidão Àquele que tudo provê.

O teto que nos isola da chuva a Ele devemos. A Ele devemos a companhia dos entes queridos que enchem nossa casa de luz. As roupas que cobrem o corpo a Ele devemos. A Ele devemos o carinho da mãe zelosa que por noites a fio teceu os casacos quentes de nossa infância. A cama que nos acolhe para o repouso necessário a Ele devemos. A Ele devemos a visita dos benfeitores que nos instruem durante os sonhos. O pão sobre a mesa a Ele devemos. A Ele devemos a oportunidade de sentirmo-nos úteis por meio do trabalho. O copo de água límpida com o qual saciamos a sede a Ele devemos. A Ele devemos a presença ao nosso lado daqueles que refrigeram nossas almas nas fontes da amizade.

Ainda o carro físico do qual nos servimos na atual existência em que viemos nos redimir de nossas quedas nas vidas de outrora também configura uma concessão de Deus. Ao Senhor somos gratos pelos pés que nos conduzem na estrada e pelas mãos com as quais podemos ajudar. Empregar todas as nossas potencialidades a serviço do bem, auxiliando os companheiros com os quais dividimos a experiência na dimensão material, representa a melhor forma de agradecimento ao Criador.

Assim, ao vermos um semelhante em amargura com os nossos olhos de ver, como disse o Cristo, ouçamos o seu clamor com os ouvidos de ouvir e, sobre os pés que nos conduzem, estendamos nossas mãos para ajudar.

Entretanto, caso a benemerência tenha como resposta tão somente a ingratidão, mais uma vez elevemos o pensamento a nosso Pai Celestial, endereçando a Ele uma prece pela lição recebida. Pois quem vive em desabrigo aprende quão necessário é o teto. Conhecem os solitários a falta que faz a família. Percebem os nus a utilidade dos tecidos. Os órfãos sentem saudades das mães que partiram. Os que dormem ao relento esperam uma cama como alguém que espera um presente dos céus. Quem não recebe visitas se arrepende das palavras instrutivas que deixou se desmancharem no ar. A fome ensina sobre a necessidade do pão. O tédio cobra pesados tributos de quem renuncia ao trabalho. Quem tem sede abençoa a água. Na hora da dor, lamentam a ausência dos amigos aqueles que não cultivaram a amizade fraterna.

É diante dos ingratos que se reconhece o valor da virtude da gratidão, que muitas vezes esquecemos.

Se caminhamos na Terra, sempre é tempo de agradecer.

# CAPÍTULO 8
## Anotações sobre a humildade

Humilde é aquele que apaga o próprio brilho para deixar quem vai ao lado resplandecer. Das lições do Cristo herdadas por nós, constituem páginas de inigualável beleza as que contêm seus exemplos de simplicidade. A começar pela manjedoura. Esquecendo a própria majestade espiritual de que se fazia portador, veio à Terra o Messias sob o testemunho de camponeses e animais, escrevendo, já no momento de seu nascimento entre os homens, o primeiro capítulo do livro no qual sempre esteve a combater a imodéstia.

"Bem-aventurados os pobres em Espírito, porque deles é o reino dos céus", anunciou o Divino Mestre aos seus discípulos (Mateus, 5:3), revelando que somente quem derrota o orgulho se coloca a serviço de Deus. E servir ao Criador pressupõe auxiliar as suas criaturas, como fizeram diversos missionários ao longo dos séculos. Madre Teresa de Calcutá punha-se, sem qualquer afetação, no mesmo plano dos desvalidos que pretendia ajudar.

Com Francisco de Assis e muitos outros mensageiros do Evangelho também foi assim, pois só acompanhada da humildade genuína concretiza-se a caridade verdadeira.

Sinal de elevada estatura moral, a modéstia indica o reconhecimento da incomensurável grandiosidade de nosso Pai Celestial, diante da qual as mais portentosas possibilidades são sempre ínfimas.

As almas nobres não se exaltam nem se deixam exaltar. Passam despercebidas pelo mundo, mas notadas nas esferas superiores em que ecoa o ensinamento do Cordeiro de Deus: "Porque todo aquele que exalta a si mesmo será diminuído e aquele que diminui a si mesmo será exaltado" (Lucas, 14:11).

Por isso, não nos enganemos com as efêmeras distinções de ordem social, econômica e até mesmo acadêmica que eventualmente marquem nossa atual existência. Jesus passou por aqui sem um único título, emulando o Sol, que todas as noites se esconde para que a humanidade contemple a pálida luz da Lua.

# CAPÍTULO 9
## Anotações sobre as ilusões

Ensinam-nos os Espíritos superiores que o pensamento precede todas e quaisquer realizações. Desde as mais corriqueiras até as mais gloriosas. Para atravessar a rua, o transeunte só se coloca em marcha após mensurar a velocidade do carro em movimento e calcular mentalmente o tempo de que dispõe. As pirâmides do Egito, antes de se materializarem nas areias, surgiram nas mentes privilegiadas dos condutores de uma civilização que, milênios depois de fenecer, ainda nos impressiona com seus feitos grandiosos.

Dessas constatações, pode-se extrair uma espécie de teorema: a realidade de hoje, ontem era imaginada, bem como as cogitações de agora antecedem o que está por se concretizar amanhã. Entretanto, para que tal assertiva se revista de veracidade matemática, deve-se considerar, inevitavelmente, o valor do trabalho. Sem esse elemento essencial na equação da vida, os sonhos transformam-se em meras ilusões. A Terra Prometida anunciada por Moisés só ultrapassou a condição de quimera à custa da peregrinação dos hebreus pelo deserto durante quarenta anos.

Sonha o homem que se levanta diariamente ao som do canto do galo, munindo-se do arado para ferir o solo e depositar as sementes que prometem frutos.

Ilude-se o homem que imagina um campo verde e próspero, mas mantém em repouso o instrumento que poderia preparar a gleba a fim de que à semeadura se seguisse a colheita farta.

Portanto, nesta experiência na esfera corpórea, cultivemos em nossos pensamentos tudo aquilo que desejamos construir, mas sem esquecer que somente as mãos calejadas fazem o papel de ponte entre a prancheta do arquiteto e o edifício acolhedor.

Coloquemo-nos em ação a fim de tornar palpáveis aqueles sonhos dourados, notadamente no que tange à felicidade que almejamos para as almas tão queridas às quais endereçamos nossos melhores sentimentos. Caminhemos com afinco na direção de nosso adiantamento moral, praticando as virtudes ensinadas pelo Cristo. Como nós, ele também sonha com o dia no qual nos encontrará para dizer: "Por tanto tempo te esperei e finalmente estás aqui. Deus seja louvado".

# CAPÍTULO 10
## Anotações sobre a justiça

Do amor infinito de Deus, que sustenta o universo inteiro, brotou a justiça que dirige as nossas vidas. A cada um segundo as suas obras, ensinou o Divino Mestre Jesus há dois mil anos, quando veio à Terra revelar que o nosso Pai Celestial leva sempre em conta o merecimento.

Assim, a felicidade a que aspira a humanidade virá no dia em que fizermos jus a essa condição. E, para que tal fato aconteça, devemos observar os ditames da Lei Natural, aquela que o Criador estatuiu para regular as relações entre todas as criaturas. No alto desse código divino, reluz o princípio da caridade, movendo o Espírito imortal a auxiliar, o quanto possa, seus companheiros de jornada em todos os quadrantes do espaço ilimitado. Ser caridoso equivale a ser justo. Ser justo equivale a ser caridoso.

Quando infringimos a lei, fazendo o mal em vez do bem, a amorosa Providência Divina impõe sua justiça, cujo objetivo é o de reeducar.

Deus nos corrige permanentemente, porque nos quer felizes e sabe, como Inteligência Suprema e causa primária de todas as coisas, que somente os justos alcançam a ventura.

Então, levemos a justiça como emblema de nossa existência. Ao constatar um semelhante trilhando as veredas da iniquidade, divisemos nele o que realmente é: um irmão que precisa de ajuda para voltar ao caminho.

Ah, meu Deus, meu Deus. Brilha sobre todos os homens o sol da tua excelsa justiça!

# CAPÍTULO 11
## Anotações sobre a liberdade

Toda criatura na face da Terra anseia por ser livre. Mas é irônico notar que muitos companheiros de jornada, em nome da liberdade, acorrentam-se a desejos e hábitos que os escravizam por toda a sua vida.

Ensina a Doutrina Espírita que Deus conferiu a seus filhos o dom do livre-arbítrio. Ficar ou partir? Perseverar ou sucumbir? Confiar ou desistir? Perdoar ou ferir? Cada um define seu caminho diante das bifurcações que as estradas da existência lhe apresentam. Viver significa decidir para onde ir.

Contudo, a possibilidade de escolher, atributo inalienável de todos os filhos do Senhor, não equivale a ser verdadeiramente livre. Isso porque o raio de nossas ações estará sempre limitado pelo direito do outro, o que implica dizer que nem sempre o indivíduo conseguirá agir segundo a sua vontade.

Se um amante da música erudita, às três horas da manhã, se pusesse a ouvir em um condomínio "A Cavalgada das Valquírias", obra magistral do alemão Richard Wagner, certamente seria sancionado por incomodar os vizinhos com a estridência da composição. Na condição de condôminos das casas nas quais nosso Pai Celestial nos abriga, também se requer que cumpramos as normas por Ele estabelecidas para governar o universo infinito. E a regra de ouro é fazer para o próximo o que gostaríamos que fizessem por nós.

Podemos escolher partir, quando é preciso ficar; sucumbir, quando é preciso perseverar; desistir, quando é preciso confiar; ferir, quando é preciso perdoar. Nesse contexto, estaremos exercendo o nosso livre-arbítrio. Mas um dia teremos de voltar para nos redimir de nossas faltas com aqueles que sofreram ao nos verem partir, sucumbir, desistir e feri-los.

Apesar das restrições de cunho pessoal que enfrentava por dedicar-se aos desvalidos como preposta da Providência Divina, irmã Dulce deu exemplo de que a renúncia conduz à libertação, enquanto quem abandona suas responsabilidades e leva a vida a satisfazer os seus caprichos jamais a experimentará.

"Liberdade, liberdade", bradam Espíritos ludibriados nos quatro cantos do mundo sob os grilhões dos vícios morais que se assenhoram de seu destino. Livres na face da Terra, no entanto, somente aqueles que praticam o bem e abdicam do mal, pois a sua vontade se confunde com a própria vontade de Deus.

# CAPÍTULO 12

## Anotações sobre a misericórdia

A alma enobrecida que investe no ato de ajudar, antes do auxílio em si, solidariza-se com o próximo por sua dor, tal qual o augusto coração da Mãe Santíssima compadece-se de todos os sofredores da Terra, que seu filho amado governa. Assim, pode-se asseverar que a misericórdia constitui o prelúdio da caridade.

Se nesta quadra de nossa passagem pelo campo físico o padecimento dos semelhantes ainda não nos toca, perseveremos para que, quem sabe no transcurso da atual existência, superemos o vício moral da indiferença, tornando-nos homens e mulheres piedosos.

Se, porventura, a piedade já tiver feito morada em nossos corações, colocando-nos fora do círculo dos indiferentes às dores alheias, cabe-nos dar o passo seguinte e transformar a compaixão em benevolência ativa.

Por fim, caso estejamos entre aqueles que socorrem os aflitos por meio de gestos de generosidade, sigamos em frente destemidamente.

E, como Cristo, guardemos misericórdia pelos companheiros que, perdidos nas gélidas sendas do sentimento de desprezo por quem enfrenta as chagas do corpo ou da alma, desconhecem a imensa alegria de servir.

# CAPÍTULO 13

## Anotações sobre a nostalgia

A casa de nossa infância, a escola na qual recebemos as primeiras lições, o presente de Natal que marcou nossas vidas. É do lado esquerdo do peito que guardamos lugares e coisas do pretérito. Tudo isso permanece na memória. E na memória haverá de permanecer não pelo valor dos lugares e das coisas em si, mas porque locais e objetos nos remetem aos nossos afetos.

Ainda assim, seguir em frente representa um imperativo em nossa existência. O tempo imita o rio. As águas correm e não voltam mais, bem como avançam os dias de forma inexorável.

Ensinam os benfeitores espirituais que secundam o Divino Mestre Jesus na tarefa de guiar os Espíritos abrigados na Terra sobre o fato de que doces recordações não deveriam se converter em nostalgia, aquele desejo incontido de voltar ao passado. É que a vontade de viver novamente as épocas que se foram, em algumas ocasiões, pode indicar fuga do presente.

Busquemos a força necessária para prosseguir. O Criador jamais desampara seus filhos, colocando-nos diante de pessoas, sítios e circunstâncias com os quais construiremos hoje um futuro radiante.

E nesse futuro radiante, pleno de paz e felicidade, posto que é esse o destino para o qual tendemos graças à infinita misericórdia de Deus, estaremos para sempre na companhia dos nossos queridos.

Ah, quanto revelam sobre a vida as fotografias que capturaram um instante de alegria ao lado dos que amamos.

# CAPÍTULO 14

## Anotações sobre o orgulho

Apartado da fraternidade instituída por Deus como fundamento para a convivência entre as criaturas que habitam o universo sem fim, o Espírito orgulhoso coloca a si mesmo acima de todos. Julga-se, equivocadamente, melhor do que os companheiros de jornada e, por isso, credor de um tratamento especial por parte de quem quer que seja, até mesmo da Providência Divina.

Por não haver eleitos entre os filhos do Criador, mas somente a nobreza espiritual advinda do trabalho árduo em favor da própria transformação moral que os distingue, quem carrega consigo a chaga da presunção, inevitavelmente, sofre.

Sofre com a posição social inferior àquela que presume merecer. Sofre com o aplauso destinado ao outro, quando deseja ardentemente que o mundo reconheça o seu talento, que considera exuberante. Sofre com uma mera advertência na academia, na oficina ou no lar, porque se considera um ser infalível.

Com a alma torturada, seguirá pela senda até o dia da reconciliação com a vida. Nesse dia, vencendo a vanglória que lhe causou tantos dissabores, reconhecerá no outro um irmão, não mais alguém que lhe deva adulações gratuitas. Nesse dia, superando a soberba que lhe cegava o Espírito, verá Deus como a fonte do bem e das virtudes, não mais como um mero dispensador de favores.

E essas virtudes, semeadas pela infinita bondade de nosso Pai Celestial, substituirão nos corações todos os vícios morais, incluindo o orgulho, que provoca tanta dor, tanta dor.

# CAPÍTULO 15

## Anotações sobre o perdão

Quando o rude pescador inquiriu o Divino Mestre acerca dos contornos do perdão, revelou-se ao mundo pela palavra do Cordeiro de Deus a fórmula que empresta à prática dessa virtude um caráter ilimitado. "Não te digo que até sete, mas até setenta vezes sete", pontificou o Messias (Mateus, 18:22).

Por isso, independentemente do número de ofensas que viermos a colecionar contra nós, valerá sempre a regra de desculpar. Essa norma extraída dos códigos divinos alicerça-se em dois fatores.

O primeiro deles diz respeito à falibilidade dos Espíritos que somos. Deus, do alto de sua infinita misericórdia, releva os desvios de seus filhos repetidamente, oferecendo-nos novas chances para a remissão de nossas infrações. Assim, pelo encadeamento das vidas sucessivas no meio material, o princípio da reencarnação, quem errou recebe a oportunidade de acertar, buscando seu destino de perfeição e felicidade eternas.

Espelhando a suprema caridade do Criador, também a criatura deve expressar sua bondade e perdoar seus semelhantes.

O segundo alicerce da lei que impõe o esquecimento das faltas alheias para conosco como uma obrigação refere-se à liberdade. As mágoas, ensinam os benfeitores do campo extrafísico, acorrentam-nos ao episódio que nos fez sofrer, transportando a dor do passado para o presente. Carregá-las na alma equivale a incluir na bagagem escolhida para viagem à cidade estrangeira um punhado de rochas que, inúteis, só dificultam o deslocamento.

Em seu coração ferido, Pedro carregava pedras de que não precisava. Quando efetivamente aprendeu a lição de Jesus de Nazaré eternizada na Oração Dominical — "Perdoa-nos nossas dívidas, como também perdoamos nossos devedores" (Mateus, 6:12) — viu-se livre para seguir as pegadas do Cristo, agigantando sua alma. Façamos então como o apóstolo, que olvidou o mal para que despontasse o bem.

Por fim, roguemos ao Senhor que nos ajude a vencer o nosso orgulho para pedir perdão aos irmãos que deixamos caídos ao longo do caminho a golpes desferidos não apenas sete vezes, mas setenta vezes sete.

# CAPÍTULO 16
## Anotações sobre as querelas

Longe da concórdia que um dia haverá de imperar nos quatro cantos da Terra, seguem os homens cultivando, por meio de atos, palavras e pensamentos, as sementes da animosidade para com os semelhantes, colhendo, assim, os frutos amargos do desentendimento.

Nos mais variados departamentos da vida, exaltamo-nos, qualificando como afrontosos quaisquer pontos de vista distintos dos nossos. As altercações podem vir à mesa, quando duelos se instalam a propósito da correta dose de sal para o prato que reequilibra o organismo. Ou nas tribunas, quando oradores inflamados apresentam estratagemas para a solução dos grandes problemas do mundo.

Desse modo, nos lances mais corriqueiros do dia a dia ou nos momentos de reflexão sobre as graves questões do nosso tempo, tudo dá causa a embates terríveis, nos quais utilizamos argumentos como se fossem armas nas mãos de espadachins.

Esquecemo-nos de que, em última instância, não há oponentes que nos possam desafiar. Isso porque, como sabem aqueles que recolheram as lições do Evangelho e da Doutrina Espírita, o maior adversário de cada indivíduo é ele mesmo, na medida em que cada um traz em si os vícios morais que o impedem de ascender. Mirando em alvos externos, o Espírito imperfeito exaure as forças que deveria empregar para travar um combate inadiável: a luta consigo próprio.

Ao colecionar querelas pelas mais diversas e infundadas razões, nós continuamos a postergar a vigência no campo terrestre, onde estamos hoje por concessão da Providência Divina, da fraternidade que afagará todas as almas.

Por isso, utilizemos as nossas melhores energias, por meio de atos, palavras e pensamentos, no cultivo das sementes da compreensão para com os semelhantes, colhendo, assim, os frutos doces da paz.

# CAPÍTULO 17

## Anotações sobre a renúncia

No topo da escalada que todos devemos empreender para alcançar o amor e a caridade, fulge, como se estrela fosse, a capacidade de contrariar os próprios interesses em favor daqueles a quem dirigimos nossos melhores sentimentos. Somente os indivíduos realmente evoluídos detêm o poder de abdicar de si mesmos para erguer os que sucumbem, sendo certo asseverar que a renúncia configura uma prova dada aos olhos de Deus pelo Espírito acerca da iluminação que tenha conquistado.

Os mártires da Terra marcharam para o altar do sacrifício por causa de suas almas caridosas. O filósofo Sócrates, precursor do Cristianismo e da Doutrina Espírita — como nos informa o codificador Allan Kardec na introdução da obra monumental intitulada *O Evangelho segundo o Espiritismo* —, aceitou a sentença de execução contra ele perpetrada de forma totalmente injusta para dar testemunho de sua confiança na verdade e da certeza sobre a imortalidade. Com Paulo de Tarso, quando um golpe de espada de um pretoriano encerrou sua passagem pelo plano físico, deu-se o mesmo. A morte foi o prêmio oferecido pelos ímpios ao justo que enfrentou a poeira das estradas e a incompreensão dos homens para levar a Boa-Nova aos quatro cantos do Império Romano, transformando durante essa jornada a dureza inflexível com a qual pretendia impor os rigores da lei aos irmãos de crença num coração compassivo com o qual acolhia os seus semelhantes.

Acima de Sócrates, Paulo e todas as demais personalidades com o dom de renunciar, resplandece a inefável figura de Jesus de Nazaré, o Cordeiro de Deus, que, pregado na cruz, se sacrificou pela humanidade inteira para apontar o caminho.

Nós, de nossa parte, com possibilidades limitadas no que tange ao ato de amar, ainda restringimos nossos gestos de auxílio até o ponto em que tais atitudes não venham a nos incomodar.

Entretanto, nosso Pai que está nos céus reserva a todos o destino de se converterem em almas sublimadas. Por isso, instituiu o lar, uma escola na qual, paulatinamente, aprendemos a viver como criaturas mais benevolentes e amorosas.

Assim, nas tardes tranquilas em que nossas casas nos protegem da fúria do mundo, elevemos o pensamento, dizendo: "Senhor, concede-me a graça de um dia ser capaz de fazer por todos os meus semelhantes aquilo que hoje já faço pelos que me cercam nesta choupana: sacrificar-me pela felicidade deles".

# CAPÍTULO 18

## Anotações sobre o sofrimento

Por que o sofrimento é um requisito para a evolução? Porque precisamos de heroísmo para suportá-lo e o heroísmo é belo. O que é belo está em concordância com o que é bom, justo e verdadeiro, uma vez que Deus é a fonte de onde nascem essas virtudes. Dessa forma, o sofrimento dos heróis, nunca fruto de autoflagelação, é uma dádiva que proporciona o burilamento da ascese, cujo destino são a paz e a alegria eternas junto do Pai.

Esse é o caminho apontado pelo Cristo na iminência de ser preso e crucificado, ao dizer: "Porventura não beberia o cálice que meu Pai me deu?" (João, 18:11). Esse também é o caminho seguido pelos mártires do Cristianismo em seu testemunho supremo de amor e fé. Que também nós, no momento derradeiro de nossa passagem pelo plano material, sigamos o exemplo do Cristo. Como o jovem Estêvão diante do Sinédrio, como o apóstolo André ao ser imolado na cruz, como Santa Luzia ao ser torturada, como João Batista ao dar testemunho da verdade.

Basta olhar sob uma perspectiva mais elevada para constatar que a falsa glória dos ricos e poderosos governantes terrenos é frágil como um castelo de areia. Séculos e séculos de dominação injusta são, comparados à onipotência divina, similares a uma poeira ínfima, que logo será carregada para longe pelos ventos do destino.

O momento da separação entre o joio e o trigo se aproxima. O Paracleto prometido pelo Messias já trouxe sua mensagem consoladora para aqueles que têm olhos de ver e ouvidos de ouvir. Os Espíritos do Senhor anunciaram: a luz não tardará! Para também termos os corações aquecidos por ela, precisamos saber enfrentar os sofrimentos com heroísmo.

# CAPÍTULO 19
## Anotações sobre a tristeza

A vida é movimento. É o que demonstram galáxias, estrelas, planetas, satélites, continentes, oceanos, átomos e as partículas subatômicas. Inspirados em todas essas coisas, com as quais partilham uma origem comum, os homens de boa vontade cumprem suas tarefas na economia universal, na qual, do micro ao macro, tudo se encadeia na ordem oriunda da bondade de Deus.

Há porém um sentimento que, incrustado nos corações dos incautos, faz cessar a disposição de viver e lutar. Trata-se da tristeza, que funciona como uma espécie de toxina paralisante para os Espíritos que a experimentam em doses excessivas.

É verdade, todos sabemos, que a felicidade não pertence a este mundo, conforme inscrito no Antigo Testamento pela sabedoria do rei Salomão. E a felicidade não é deste mundo pelo fato de ainda estarmos num planeta de provas e expiações, segundo revela a Doutrina Espírita.

Na Terra, o mal prevalece sobre o bem. Para constatar a veracidade de tal afirmativa, basta sintonizar o noticiário em um dos veículos da comunicação social. Ninguém haverá de alcançar a ventura, isto é certo, se escuta bem ao seu lado o som do choro e do ranger de dentes. Por isso os momentos de prostração em nossas existências constituem algo natural. Assim como é natural recobrar a confiança nos desígnios de nosso Pai Celestial, que jamais nos abandona.

Para que desapareça da esfera que nos serve de morada o infortúnio, faz-se necessário colocarmo-nos em marcha, dando de nós o melhor. Afastemo-nos, pois, da desolação que nos consome as energias, realizando o trabalho que nos cabe no concerto dos seres e das coisas.

"Almas tristes, almas tristes. Passageira é a dor que vos dilacera, crede-nos. Movei-vos, porque a vida é movimento, na direção da claridade que vislumbrais e na qual um dia estareis ao nosso lado", exortam os mensageiros do Senhor, que descem à crosta terrestre cotidianamente para consolar os sofredores.

# CAPÍTULO 20

## Anotações sobre a união

Para a consecução de algumas tarefas de ordem material, utiliza-se o homem do esforço conjunto, agindo em sintonia com os seus companheiros. Quem, em sã consciência, haveria de se habilitar a carregar sozinho um imenso navio com toneladas de soja ou outro produto qualquer com o qual o Brasil alimenta legiões pelo planeta?

No campo espiritual, vige o mesmo princípio. A fraternidade, ainda que nem todos percebam isso, representa para os desideratos de cunho moral uma necessidade. Somente assim a Terra alcançará o seu destino, que é luminoso.

Todos nós, Espíritos que jornadeiam no plano físico, integramos coletividades. E é por meio da concórdia nessas coletividades que virão as realizações. No lar, na escola, no templo, na oficina, enfim, onde estivermos, que possamos contribuir para que se instale um clima de paz. Pois pretender que apartados uns dos outros avancemos na direção de objetivos comuns equivale a, no cais, dispensar o auxílio de outros marujos para depositar vultosa carga numa grande embarcação.

A cooperação entre as nações, em tempos que se avizinham, tornará possíveis verdadeiros prodígios, transformando o panorama social e anímico em todas as latitudes e longitudes do astro que habitamos. O entendimento entre muitos começa pela unidade entre poucos, o que exige de cada um de nós o coração desarmado.

Do alto das culminâncias das quais nos governa, segue o Cordeiro de Deus aguardando que os trabalhadores de sua gleba abandonem definitivamente os pontos de vista exclusivistas, superando toda e qualquer divisão e juntando forças para encher o celeiro com os grãos produzidos pela boa vontade.

A fim de que chegue o dia da prosperidade para a humanidade inteira, eliminando do orbe a escassez de pão para o corpo e para a alma, o Cristo endereça um só pensamento a todos os povos: União!

# CAPÍTULO 21
## Anotações sobre a verdade

Em sua marcha ascensional, o Espírito amplia o conhecimento acerca das causas de todas as coisas. A cada passo que acrescenta na caminhada empreendida através do tempo, a criatura, que no seu ponto de partida era simples e ignorante, aproxima-se da sabedoria.

É importante compreender que quem muda somos nós, não a realidade. Quando Isaac Newton descreveu as fórmulas do movimento e da gravitação universal em sua obra *Princípios Matemáticos da Filosofia Natural*, apresentou mecanismos que existiam desde sempre. As leis que regem os fenômenos físicos são imutáveis. O homem descortina-as lentamente, como se removesse um véu que encobre as engrenagens da matéria.

Mas também as almas, a exemplo dos objetos, interagem entre si. E essas relações, não nos enganemos, estão sujeitas a leis. Desse modo, ao semear o mal contra o semelhante, o indivíduo colherá ele próprio aquilo que plantou.

Há quem, duvidando dessa máxima, siga em desatino, impondo aos que o cercam vicissitudes tremendas e provocando choro e ranger de dentes. Entretanto, é tão certo que terá de se redimir, nesta ou em outra encarnação, por imposição da Justiça Divina, como é inexorável que a noite surja após o dia, pois a Terra avança no espaço, girando em torno de seu eixo.

O brilho da luz dos fatos independe de convicções particulares. O Sol já estava no centro de nosso sistema, mesmo quando a Igreja mandava para a fogueira os defensores do heliocentrismo.

Força = Massa × Aceleração. Bem-aventurados os aflitos, porque serão consolados. Duas expressões das leis do universo escritas pelo Senhor das Estrelas, ainda que alguns de seus filhos, entrincheirados na vaidade e no orgulho, refutem que o Autor da Vida seja a verdade mais absoluta.

# CAPÍTULO 22
## Anotações sobre os xifópagos

Ao presentear-nos com a imortalidade e a consciência de nossa existência, Deus, do alto de sua infinita misericórdia, determinou que suas criaturas, alcançada a plenitude do processo evolutivo, fossem contempladas com a felicidade eterna.

Para tanto, cada um de nós necessita envidar esforços no sentido de espelhar o brilho do Criador. Essa luz, com a qual o Senhor sustenta o universo inteiro, divide-se, assim como acontece com o raio luminoso que atravessa um prisma. Por isso, o amor divino, em radiações de diversas frequências, incide sobre o espectro da vida, refletido do alto pelos corações das criaturas na forma de caridade, esperança, fé e de todas as outras virtudes derivadas da claridade que jamais se apaga e nos ampara sempre.

Mas, na peregrinação ao fim da qual encontrará seu destino, que não é outro senão a perfeição, o homem protagoniza quedas clamorosas. Dominado pelo egoísmo, vê no companheiro de jornada um adversário, olvidando-se de que, na condição de filhos de nosso Pai Celestial, devemos viver em fraternidade.

Quando a animosidade entre dois Espíritos ganha contornos gravíssimos, transfundindo-se em violento ódio recíproco, a Providência Divina intervém em favor dessas entidades.

"Sê benevolente depressa com teu adversário, enquanto estás no caminho com ele; para que o adversário não te entregue ao juiz, e o juiz ao oficial, e sejas lançado na prisão. Amém vos digo que de modo nenhum sairás dali até que restituas o último quadrante", advertiu o Divino Mestre Jesus (Mateus, 5:25-26).

Depois de esgotados todos os recursos dos quais lança mão para extinguir a disputa fratricida, utilizando-se de internações sucessivas na dimensão material para que impere a paz entre irmãos, Deus, por amor, confina os xifópagos numa única cela física.

Impossibilitado de investir contra o outro, que no mundo corpóreo se confunde com ele próprio, o indivíduo compadece-se do sofrimento de seu companheiro, refletindo em sua alma um pedacinho da infinita misericórdia do Pai.

Retoma, então, a sua caminhada, que fatalmente culminará com a perfeição e a felicidade eternas. Não nos aflijamos. A luz do amor de Deus jamais se apaga.

# CAPÍTULO 23
## Anotações sobre o zelo

Num jardim, tornar-se-ão mais exuberantes as rosas tratadas por mãos zelosas. Cravos, lírios, margaridas, orquídeas, girassóis, violetas, tulipas e astromélias terão cores mais vivas por intermédio do desvelo, tão importante para as flores quanto água e luz.

A ação diligente no cumprimento das obrigações que nos cabem, por mínimas que sejam, constitui uma espécie de distintivo para quem entende o seu papel no concerto da vida. É que pessoas e coisas exigem carinho.

Da mesma maneira que ocorre com o jardineiro fiel, que obtém resultados notáveis por trabalhar com cuidado, todos os tarefeiros da seara terrena devem lidar com seus compromissos sob o signo do zelo.

Somente aviar receitas não basta para quem escolheu a medicina. Um clínico se faz de conhecimento e desvelo por seus pacientes. Apenas varrer o salão não é o suficiente para quem tem a missão de preservar o ambiente asseado. Espera-se diligência do profissional da limpeza para que não fiquem detritos pelos cantos. Só falar da lição não resolve o problema de ensinar. Um professor, para merecer esse título, além de dominar o conteúdo, deve recorrer ao carinho pelos seus alunos a fim de levá-los a aprender. Jogar ingredientes na panela não resulta no preparo de boas receitas. Quem ganha o pão de cada dia com a culinária precisa de muito cuidado para que os condimentos estejam na medida certa.

Zelar por tudo o que nos é confiado denota respeito pelos desígnios de Deus, que conta com a boa vontade de todos os seus filhos para transformar a Terra em um campo repleto de flores e paz.

FONTE Adobe Jenson Pro
PAPEL Pólen Bold 90 g/m²
IMPRESSÃO Paym

FSC
www.fsc.org
MISTO
Papel produzido a partir de fontes responsáveis
FSC® C133282